CESSEZ D'ÊTRE GENTIL, SOYEZ VRAI !

RÉSUMÉ ET ANALYSE

DU LIVRE DE THOMAS D'ANSEMBOURG

Par Stéphanie Banderier

50MINUTES.fr

CESSEZ D'ÊTRE GENTIL, SOYEZ VRAI !

Telle est l'injonction de Thomas d'Ansembourg dans son livre qui s'est vendu à plus d'un demi-million d'exemplaires. Loin de nous inciter à l'incivilité, c'est davantage vers une nouvelle hygiène du cœur et de l'esprit, ainsi qu'il la promeut, que l'auteur entend nous guider. Derrière cet ordre insolent se cache une volonté impérative de partager avec ses lecteurs une philosophie qui est, selon lui, un gage de bien-être et de bonheur.

Sous un titre provocateur, d'Ansembourg ajoute ainsi un sous-titre explicatif, *Être avec les autres en restant soi-même*, qui livre la clé de relations sociales épanouies : pour être bien avec les autres, il faut d'abord être bien avec soi-même. Ce bien-être se construit en satisfaisant des besoins que nous ignorons trop souvent, faute de les formaliser. Sa méthode réside donc essentiellement en la recherche de ce qui, enterré au plus profond de nous, nous tient pourtant le plus à cœur. Et la prise de conscience de ces besoins est comme une libération indispensable à notre épanouissement.

rapeute et conférencier, né en 1957 à Uccle, en Belgique).

- **Courants ?** Développement personnel, psychologie, connaissance de soi, CNV.
- **Mots clés ?**
  - <u>Développement personnel</u> : travail sur soi dans le but d'assumer sa personnalité et de développer des traits de caractère créatifs et efficients.
  - <u>Connaissance de soi</u> : connaissance psychologique et spirituelle qu'une personne a d'elle-même.
  - <u>Conscience de soi</u> : conscience qu'une personne a de ses pensées, de ses sentiments, de ses actes et qui fait d'elle un être distinct des autres espèces vivantes.
  - <u>CNV</u> : acronyme de Communication NonViolente (marque déposée). Ce mode de communication est développé dans les années soixante par Marshall Rosenberg. Celui-ci s'appuie sur la double considération de l'autre et de soi-même pour élaborer une philosophie empreinte de bienveillance, d'empathie et de respect.

MISE EN CONTEXTE

Thomas d'Ansembourg est né en 1957 en Belgique. Il est issu d'une famille anoblie au XVIIe siècle et compte parmi ses lointains cousins la reine Paola, épouse d'Albert II de Belgique (roi de 1993 à 2013).

Il suit des études de droit à l'université catholique de Louvain puis, sa licence obtenue, il effectue son service militaire dans les para-commandos. Cette responsabilité dans la gestion d'un groupe de soldats lui offre une première expérience dans l'analyse des relations humaines. Il exerce ensuite en tant qu'avocat à Bruxelles pendant cinq ans, avant de devenir conseiller juridique auprès d'une société internationale.

La volonté sincère de venir en aide aux autres, qui avait motivé ce choix de carrière, lui fait néanmoins prendre conscience que ce métier n'est pas fait pour lui. Pour compenser ce vide, il rejoint en tant qu'animateur l'association Flics et Voyous, créée par son ami policier Pierre-Bernard Velge.

LE FLIC ET LES VOYOUS

Pierre-Bernard Velge, grand admirateur d'Antoine de Saint-Exupéry (aviateur et écrivain français, 1900-1944), entame des études de droit après avoir dû, à cause de sa myopie, renoncer à son rêve de devenir pilote d'avion.

Il exerce quelques années comme avocat au barreau de Bruxelles avant d'entrer dans la police.

C'est la sincère volonté d'aider les délinquants à s'en sortir dans une société où la réponse qui leur est donnée est trop souvent la répression ou l'hostilité qui le pousse à changer de carrière. Il crée l'ABSL Flics et Voyous, qui lui permet de les sortir de la rue ne serait-ce que le temps d'un trekking dans le désert ou d'un vol en ULM. Vivement critiqué pour son anticonformisme, il est désormais considéré comme un précurseur dans la prise en charge de la délinquance. Au plus fort de cette reconnaissance, ce commissaire de police, père de quatre enfants, se suicide le 23 mai 2008, à l'âge de 56 ans.

Dans ce cadre, Thomas d'Ansembourg accompagne des jeunes délinquants en voyage ou lors d'activités sportives. Les périples dans le désert marquent particulièrement l'animateur, qui remet de plus en plus sa vie en question. L'équilibre entre son travail qui lui offre une vie confortable et son bénévolat auprès des jeunes toxicomanes, voleurs, prostitués, ne le satisfait pas. Il entreprend alors une psychanalyse qui, contre toute attente, durera plusieurs années. À l'heure du bilan, il décide de quitter le monde du droit pour devenir psychothérapeute.

Au cours de sa formation, il rencontre Marshall Rosenberg (1934-2015) qui le convainc de la pertinence de sa Communication NonViolente (CNV). Après avoir obtenu la certification de formateur en 1994, Thomas d'Ansembourg enseigne cette méthode qu'il rebaptise « processus de conscience non violente ». La même année, il devient l'assistant puis le collaborateur du psychanalyste canadien Guy Corneau (né en 1951).

LE PSYCHANALYSTE JUNGIEN

Guy Corneau est un psychanalyste diplômé de l'institut Carl Gustav Jung de Zurich. Il est l'auteur de nombreux ouvrages de psychologie dont *Le Meilleur de soi* (2006) ou *Revivre* (2011) et le préfacier de l'ouvrage de Thomas d'Ansembourg *Cessez d'être gentil, soyez vrai !* Il fonde en 1997, avec d'Ansembourg entre autres, l'association ProductionsCoeur.com dont le but est de favoriser la créativité, vue ici comme l'élan propre à changer la vie dans tous ses aspects, et ce à travers des ateliers, des conférences ou des voyages animés par des thérapeutes et des artistes.

Thomas d'Ansembourg partage son temps entre les consultations (il exerce pendant dix ans avant de cesser de recevoir des patients), des conférences et des ateliers. Il réitère en outre son expérience des voyages dans le désert en animant des ateliers itinérants dans les montagnes de l'Atlas et le désert du Sahara.

À partir de 1997, il s'investit dans l'association ProductionsCœur.com et encadre des groupes de travail autour de la compréhension et l'expression psychologiques et émotionnelles. En 1998, il épouse Valérie de Guerre (née en 1963). Trois filles naissent de cette union. Son bonheur conjugal et familial nourrit et conforte ses préceptes relationnels.

À partir de 2001, il publie une série d'ouvrages de développement personnel salués pour leur pertinence et leur innovation. Il continue à donner des conférences et à conduire des ateliers en Belgique et en France notamment.

INFLUENCES

Le concept de non-violence est popularisé dans les années vingt par Gandhi (1869-1948) qui a essayé de promouvoir la notion d'*ahimsā* (du sanskrit : « a » privatif et *himsā* « violence »). Après avoir suivi des études d'avocat à Londres, Gandhi exerce son métier en Afrique du Sud. Face aux discriminations que subissent notamment ses compatriotes indiens, il fonde une doctrine qui repose sur la non-violence et le respect de la vérité. De cette philosophie naît un mouvement de désobéissance passive et collective. À son retour en Inde, il s'engage dans une lutte pacifique pour obtenir l'autonomie de son pays. Ses moyens d'action sont la grève de la faim, les manifestations, la désobéissance civile, etc. Il entre dans l'Histoire comme l'incarnation du pacifisme et de la non-violence.

LE SAVIEZ-VOUS ?

Son surnom Mahatma lui vient du grand poète indien Rabindranath Tagore (1861-1941) et signifie en hindi « grande âme ». C'est la modération de Gandhi et son désir de compromis qui lui valent finalement de mourir sous les coups d'un extrémiste.

La première moitié du XXe siècle est aussi la période durant laquelle est posée une des bases de la Communication NonViolente : l'assertivité. D'Ansembourg consacre quelques paragraphes à cette notion dans l'édition illustrée de son livre.

Le concept d'assertivité, défini par le psychologue Andrew Stalter (1914-1996) et développé par le psychiatre comportementaliste Joseph Walpole (1915-1997), vient de l'anglais *to assert* (« affirmer », « défendre ses droits ou son opinion ») qui a donné le substantif *assertiveness*, que l'on peut traduire par « affirmation de soi ». Le comportement assertif consiste ainsi en une affirmation de soi dans le respect d'autrui et dans une relation honnête et bienveillante. L'assertivité garantit donc une communication de qualité, gage de considération mutuelle et d'épanouissement personnel.

Le développement personnel est issu des travaux d'Alfred Adler (1870-1937) et de Carl Gustav Jung (1875-1961) et recouvre différents domaines allant de la psychanalyse aux théories managériales. Son but est la recherche du bien-être psychique et physique basé sur une personnalité totalement assumée et une créativité stimulée. Si les milieux académiques contestent la validité de nombre de méthodes se réclamant du développement personnel, son succès n'en est pas moins avéré, générant une activité économique non négligeable dans l'édition et le coaching notamment.

CONTEXTE D'ÉCRITURE

Les années quatre-vingt voient la remise en cause du monde bipolaire instauré au lendemain de la Seconde Guerre mondiale (1939-1945). La disparition du bloc soviétique en 1991 signe la fin d'un ordre international figé depuis plusieurs décennies et inaugure une période de recomposition géopolitique qui modifie le visage de l'Europe centrale et orientale et aboutit à des rapports de force inédits à l'échelle mondiale.

La crise économique, qui a mis fin aux Trente Glorieuses avec le premier choc pétrolier en 1973, s'est installée durablement au niveau international avec des phases plus ou moins graves de ralentissement ou de récession, provoquant chômage, faillite et appauvrissement généralisé des ménages. Parallèlement et paradoxalement, l'ultralibéralisme et le choix de l'obsolescence programmée ont conduit à la mise en place d'un nouveau mode de vie : le consumérisme.

LE SAVIEZ-VOUS ?

L'étymologie anglo-saxonne du terme « consumérisme » (*consumer* signifie « consommateur ») reflète son sens premier, à savoir les associations de consommateurs et leurs actions pour préserver leurs droits. Néanmoins la définition sociologique s'est imposée et le mot « consumérisme » désigne désormais un mode de consommation individualiste, hédoniste, basé sur la nouveauté et donc éternellement insatisfaite.

Il est concomitant et inextricablement lié à la montée de l'individualisme. La société connaît des évolutions inédites et déstabilisantes, de l'éclatement des familles et la dissolution des valeurs familiales, au repli sur soi et à l'isolement croissant des gens. Le mal-être, la dépression deviennent des maux permanents et répandus, tout comme la violence qui ne cesse de s'amplifier.

En vogue depuis les années soixante aux États-Unis, le mouvement du développement personnel voit bientôt s'ouvrir un nouveau champ d'investigation, puisqu'à travers les idées de transformations de soi et d'amélioration de son bien-être émergent les aspects relatifs à certaines pathologies psychologiques (phobie, dépression, etc.). Dans un contexte de concurrence acharnée, où le discours managérial exige toujours plus de compétitivité de la part des salariés, des maux nouveaux apparaissent, tel le burn out, syndrome d'épuisement psychologique dû au travail.

Dans le même temps, on assiste à une remise en cause de la psychanalyse freudienne. Dès 1972, l'helléniste Jean-Pierre Vernant (1914-2007), spécialiste de la mythologie de la Grèce antique, conteste la lecture freudienne du mythe d'Œdipe dans « Œdipe sans complexe », extrait de *Mythe et Tragédie en Grèce ancienne* (1972).

LE COMPLEXE D'ŒDIPE

Très rapidement, Freud (1856-1939) pose comme principe psychologique le désir inconscient qu'un enfant éprouve pour le parent du sexe opposé et son hostilité pour le parent du même sexe. Il nomme d'abord cette tendance « complexe nucléaire », puis « complexe paternel » et c'est seulement en 1910, dans son recueil d'articles *Contribution à la psychologie amoureuse*, qu'il lui donne ce nom définitif de « complexe d'Œdipe ». Il en fait le concept fondamental de ses théories et, par là, de l'histoire de la psychanalyse.

Dès les débuts de la psychanalyse, des critiques avaient été émises quant à ce complexe, en particulier sa primauté dans l'édifice psychanalytique, primauté contestée par Carl Gustav Jung (1875-1961), Otto Rank (1884-1939) ou encore Heinz Kohut (1913-1981). Mais Vernant va au-delà, en démontrant l'erreur fondatrice des théories freudiennes, à savoir le fait qu'Œdipe, contrairement à l'enfant qui connaît ses parents, ignore qui sont Laïos et Jocaste quand il tue le premier et épouse la seconde. Le concept clé vacille du fait de cette contradiction initiale et, dès lors, toute l'architecture freudienne est fragilisée.

Le développement des sciences neuronales remet également en cause certaines théories psychanalytiques en prouvant entre autres le caractère physiologique de maladies considérées jusque-là comme uniquement mentales (autisme, schizophrénie).

Au cœur de ces bouleversements politiques et économiques, les valeurs occidentales sont mises à mal et les individus sont de plus en plus perdus dans nos sociétés modernes où les apparences priment sur le bien-être, nous enfermant les uns les autres dans une éprouvante solitude intérieure. Fort de sa propre psychanalyse, Thomas d'Ansembourg prend place parmi les auteurs de développement personnel et apporte ses solutions pour reconstruire une vie sociale saine et sincère.

SYNTHÈSE DE *CESSEZ D'ÊTRE GENTIL, SOYEZ VRAI !*

Assez paradoxalement, l'ouvrage de Thomas d'Ansembourg, dont le titre laisse entendre une certaine rébellion, est en fait consacré aux moyens de trouver la paix, avec soi-même puis avec les autres.

LA VIOLENCE

L'expérience personnelle de l'auteur – sa profession d'avocat, son action bénévole au sein de l'association Flics et Voyous, sa nouvelle carrière de thérapeute – lui a ouvert les yeux sur une violence quasi inhérente à notre société. Ses différents engagements l'ont conduit à constater que nos vies sont larvées de conflits plus ou moins virulents et surtout plus ou moins conscients, et ce tant avec les autres qu'avec nous-mêmes.

Si la violence physique est assez logiquement la plus visible, elle n'en est pas pour autant la plus répandue. C'est davantage le cas de la violence mentale, dite affective, qui, parce qu'elle est plus subtile, s'insinue dans notre façon d'être, de parler, de penser. De la même manière, il est plus difficile de prendre conscience des violences que nous nous imposons à nous-mêmes parce que nous tournons toute notre attention vers la relation aux autres.

La frustration à la base de la violence

Selon Thomas d'Ansembourg, la cause première de la violence est une frustration profonde, elle-même due à l'insatisfaction de nos besoins les plus intimes, si intimes parfois que nous n'en avons pas conscience. Il affirme qu'ignorer ses besoins revient à se faire violence à soi-même et, par un phénomène d'accumulation et de trop-plein qu'il nomme de manière fort appropriée « mécanique de la cocotte-minute », à reporter en fin de compte cette violence sur les autres.

Notre impuissance à satisfaire nos besoins résulte essentiellement de notre incapacité à les dire, c'est-à-dire que non seulement nous ne les exprimons pas, mais aussi que nous ne les identifions pas. Ils restent en nous, latents, informels, indicibles, nous laissant, comme seul témoin de leur existence, un sentiment d'incomplétude et de manque associé à la neurasthénie ou à une insatisfaction d'enfant gâté.

LA NEURASTHÉNIE, QU'ES AQUO ?

La neurasthénie est un état de fatigue psychique et physique extrême. Le terme, devenu désuet, a laissé place à la dépression d'une part, à la psychasthénie de l'autre.

La psychasthénie (du grec *psukhé*, « l'âme », « a » privatif, *sthénos* « la force »), définie au début du XXe siècle par Pierre Janet (philosophe, psychologue et médecin français, 1859-1947), désigne une fatigue physique et psychologique entraînant une indécision permanente.

Cela conduit à l'isolement, à l'hypocondrie ou à la dépression. L'origine en est un problème psychique refoulé qui nécessite donc la prise en charge par un psychothérapeute.

Mais d'où vient cette incapacité ? Dès l'enfance, nous subissons un conditionnement qui nous amène à ne prendre en compte que les besoins des autres, par crainte de nous retrouver exclu ou de ne plus être aimé. D'Ansembourg dénonce cette éducation comme un apprentissage « à faire, pas à être » (p. 168), à l'origine d'une violence contre soi – puisqu'on enferme sa personnalité et ses désirs dans les attentes d'autrui –, et contre les autres, que nous finissons par considérer comme des oppresseurs.

L'ami et préfacier de l'auteur, Guy Corneau, définit cela comme le syndrome du « bon gars » (p. 39 – voir sa conférence « Le drame des bons garçons et des bonnes filles », évoquée par d'Ansembourg p. 68). Le titre de *Cessez d'être gentil, soyez vrai !* trouve son origine ici : en étant gentils, en voulant satisfaire absolument les besoins des autres, nous ne pouvons être pleinement nous-mêmes, nous nous empêchons d'être vrais.

De ce conditionnement initial émergent également nos peurs, dont celle d'échouer à satisfaire les besoins de notre entourage. Cette ambition nous habite tant que nous nous « suradaptons » aux autres, jusqu'à nier notre bien-être personnel. Cela se manifeste par une hyperactivité et une culpabilité à fleur de peau. Deux conséquences sont à craindre :

- cet excès de zèle nous donne une responsabilité démesurée. Assumer cette responsabilité sans crainte équivaut à agir uniquement par orgueil ;
- étant focalisés sur les besoins des autres, nous attendons d'eux la même attitude, à savoir le sacrifice de leur personnalité et de leur bien-être pour satisfaire nos envies. Ce risque est prédominant à l'égard des conjoints et des enfants. D'Ansembourg dénonce ici le « projet sur l'autre » qui étouffe toute relation.

Nous renonçons aussi à être nous-mêmes par peur de la différence, qui instille en nous méfiance et insécurité. Parce que l'altérité, c'est l'inconnu et que l'inconnu est source d'angoisse, nous rejetons ceux qui sont différents et, par extension, nous refusons d'assumer notre singularité.

Quels mots pour dire les sentiments ?

Pour l'auteur, l'origine de la violence réside en définitive dans l'absence de communication. Et si nous n'arrivons à entendre ni ce que nous disent les autres ni ce que signifient nos propres sentiments, c'est parce que les mots nous manquent au sens littéral. Notre mode de vie trépidant, assumé avec plus ou moins de peine ou d'enthousiasme, cache en fait une carence douloureuse. Le vocabulaire des sentiments nous fait si souvent défaut que nous ne savons plus dire ce que nous éprouvons et, lasses d'être tues, ces émotions disparaissent de notre conscience. Insidieusement, elles vont nourrir notre frustration et notre violence.

L'hypothèse de travail de Thomas d'Ansembourg peut se résumer en un schéma simple : la violence est l'expression d'une profonde frustration due à l'insatisfaction de besoins inconscients, le manque de vocabulaire nous empêchant d'identifier ou de reconnaître ces besoins. C'est donc parce que nous ne sommes pas nous-mêmes que la violence prend place dans nos vies.

COMMENT DEVENIR SOI-MÊME ?

Le processus de communication

Thomas d'Ansembourg met en avant les quatre étapes du processus de communication, qui s'applique à soi-même tout autant qu'aux autres.

- **Étape 1 – Pensées** : l'observation d'une situation, d'une attitude qui doit se faire le plus objectivement possible et sans y adjoindre la moindre interprétation.
- **Étape 2 – Sentiments** : cette observation nous conduit à prendre conscience du sentiment qui nous habite à cet instant précis. Il est comparé par l'auteur à un signal

lumineux.

- **Étape 3 – Besoins** : ce signal nous renseigne sur nos besoins. Ils sont satisfaits dans le cas de sentiments heureux et inversement.
- **Étape 4 – Demandes** : si prendre conscience de nos besoins peut parfois suffire à apaiser les relations, l'auteur n'en conseille pas moins de chercher à les satisfaire par une demande qui doit être concrète, réaliste et négociable.

LE SYNDROME DE PETER PAN

D'Ansembourg explique la difficulté à faire des demandes concrètes et réalistes notamment par le complexe de Peter Pan, du nom du célèbre personnage de J.M. Barrie (1860-1937). Ce syndrome qui désigne le désir de rester enfant a été défini par Dan Kiley au début du XXᵉ siècle. Il se manifeste surtout par une immaturité et une irresponsabilité apparaissant à l'entrée de l'âge adulte. En matière de communication, la personne sujette au syndrome de Peter Pan aura tendance, en laissant jaillir avec force ses émotions après les avoir bloquées, à exprimer des demandes disproportionnées.

D'Ansembourg illustre ce processus en reprenant le dessin stylisé d'Hélène Domergue, formatrice comme lui en Communication NonViolente (p. 25).

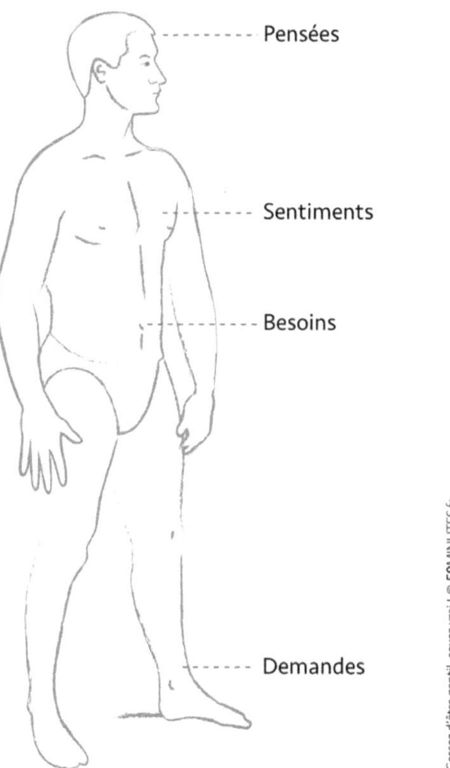

La CNV

La Communication NonViolente est inhérente à *Cessez d'être gentil, soyez vrai !*, tant cette philosophie, qui se définit surtout par un langage conscient et bienveillant, a influencé et nourri la pensée et le parcours de Thomas d'Ansembourg. À la suite de Carl Rogers (1902-1987) et de Thomas Gordon

(1818-2002), Marshall Rosenberg met au point ce processus de communication à l'acronyme désormais célèbre dans les domaines qui touchent de près ou de loin à la psychologie.

D'Ansembourg pose la CNV comme un guide dans les relations sociales, mais aussi et avant tout dans la relation avec soi-même. Il s'agit concrètement d'adopter des valeurs de respect, de bienveillance, de sens de la responsabilité, etc., et de les mettre en œuvre au quotidien. Le but est la paix, avec les autres évidemment, mais aussi avec soi-même ; et là, les attentes thérapeutiques sont importantes.

S'intéresser à soi

Si nous sommes si souvent et si profondément coupés de nous-mêmes, c'est le résultat d'une éducation qui brime l'écoute des sentiments pour privilégier la raison. Cette éducation est encombrée de nombre de préjugés qui nous éloignent des autres et de nous-mêmes parce qu'ils empêchent la connaissance sincère et objective de ce que nous sommes tous réellement.

D'Ansembourg dénonce également le fonctionnement binaire de notre raison qui nie la complexité de la nature humaine et nous enferme dans une vision manichéenne des êtres et des choses.

Pour oser s'intéresser à soi, il faut donc franchir de solides barrières mentales. L'aide d'un thérapeute s'avère fréquemment indispensable. L'auteur cite ici Lacan (psychiatre et psychanalyste français, 1901-1981) : « Quand vous m'aurez dit une parole qui parle vraiment de vous, vous serez guéri. » (p. 81)

Parler sincèrement de soi est une libération en ceci que le conflit entre conscience et inconscience y trouve sa résolution.

Enrichir son vocabulaire

Notre vocabulaire nous vient de notre éducation ; il est donc forcément axé sur l'efficacité, l'action, le « faire » dont parle d'Ansembourg, au détriment de l'« être », c'est-à-dire les sentiments, les émotions. De là découle notre impuissance à nommer et à identifier ce qui relève de notre vie intérieure.

Appliquant la méthode des séminaires de CNV, l'auteur nous livre, à la fin de son ouvrage, des listes de mots pour exprimer nos besoins (nourriture, sécurité, chaleur, équilibre, honnêteté, etc.) et nos sentiments (amoureux, calme, curieux, enjoué, libre, satisfait, etc.). Arriver à nommer les choses est une étape indispensable pour résoudre nos difficultés. Cela peut même être une satisfaction en soi, car enfin nous sortons de ce brouillard mental opaque et étouffant.

Satisfaire ses besoins

Dès les premières lignes de son livre, Thomas d'Ansembourg nous met face à une réalité indubitable que nous nions pourtant trop souvent : nous avons la responsabilité de satisfaire nos propres besoins ; nous plaindre de l'inaction ou de l'inefficacité des autres quant à la réalisation de nos désirs est absurde et injuste. Dans le même esprit, nous devons accepter notre impuissance et notre irresponsabilité dans la satisfaction des besoins des autres.

L'auteur insiste sur la distinction à établir entre prendre soin et prendre en charge. Le second cas porte en ses mots mêmes tout le poids de la contrainte. Au contraire du premier qui, parce qu'il est un acte généreux, comble les deux parties d'un réel bien-être. Chaque personne a en elle le désir, plus ou moins profond, de contribuer au bien-être des autres. Il s'agit donc de solliciter cette aspiration par des demandes subtiles et dénuées d'exigences.

Être soi-même

Une fois conscients de ce que nous sommes réellement, il reste à assumer cette personnalité souvent brimée par des préjugés et d'inopportunes responsabilités. Il est nécessaire d'abandonner le sentiment de culpabilité qui vient trop naturellement quand on place ses besoins avant ceux des autres. D'Ansembourg souligne l'incohérence qu'il y a à vouloir prendre soin des autres quand on ne sait pas prendre soin de soi-même.

ÊTRE AVEC LES AUTRES

Les erreurs habituelles

Si nous ne parvenons pas à être, c'est-à-dire à exister pleinement, avec les autres, c'est parce que nous sommes pétris d'habitudes conflictuelles.

- L'utilisation d'un langage déresponsabilisant nous conduit à imputer aux autres notre mal-être et nos échecs, et à attendre d'eux la solution à nos problèmes.
- À notre réflexe d'être gentil plutôt que sincère s'ajoute celui de ne pas écouter vraiment. Selon d'Ansembourg, une grande part de nos conversations ne seraient en fait que des prises de paroles sans véritable échange. Nos malentendus ne seraient par conséquent que des « mal

exprimés » et des « mal écoutés ». Ils n'en faussent pas moins la nature des relations.

- Autre défaut pernicieux, le manque d'objectivité dans l'appréhension de la réalité. Plutôt que de considérer les faits, nous les interprétons. Le risque est alors grand de se méprendre sur les actes et les attentes des autres.
- Au sein des couples et des familles le plus souvent, la relation est altérée par le chantage affectif. Les liens se dénaturent par une manipulation des sentiments qui conduit à l'insécurité affective, voire à la violence.
- La peur instinctive des conflits et de l'inconnu est enfin une redoutable entrave à l'épanouissement des relations. Le repli sur soi ou la négation de ses besoins répondront en surface à cette angoisse et créeront dans le même temps un profond et impénétrable sentiment de malaise.

Qu'est-ce que communiquer ?

Au-delà du bilan de ses réflexions, d'Ansembourg nous livre ses conseils pour établir une véritable communication.

- Il faut être vigilant quant au vocabulaire employé, faire preuve de clarté en évitant toute critique et tout jugement *a priori*. Le langage doit être épuré de ce qui suscite l'opposition.
- Comme nous, les autres ont besoin d'une écoute pure et attentive.
- Quand je sollicite autrui, je dois donner le sens véritable de mes attentes. Les solutions proposées n'en sont que plus pertinentes et laissent à mon interlocuteur une réelle liberté.
- La négociation fait ainsi partie intégrale de la communi-

cation. Elle nécessite une certaine confiance en soi et une égale bienveillance à l'égard d'autrui.

Thomas d'Ansembourg propose un graphique mettant en valeur les deux composantes de la communication : l'émission et la réception (p. 120-128).

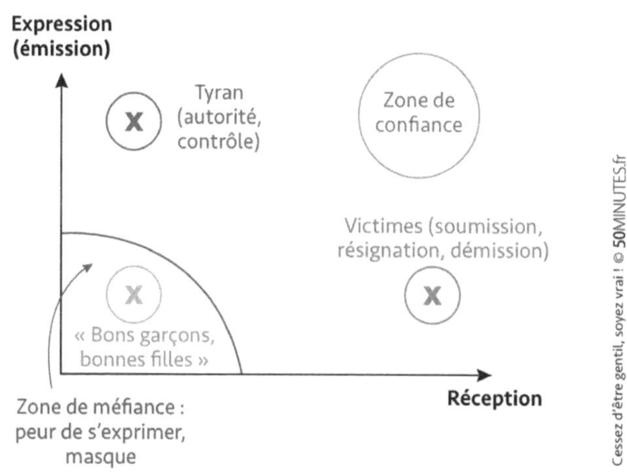

Dans ce schéma, le tyran trouve fort logiquement sa place là où la réception est la plus faible et l'expression la plus forte ; de même pour la victime qui se situe à son opposé, là où l'on est totalement soumis au discours de l'autre.

Derrière l'expression du « bon gars » ou de la « bonne fille », on se rappelle que l'auteur dénonce en fait une attitude extrêmement passive. On ne s'étonne donc pas de trouver ce type de profil dans l'espace de faible expression. En revanche, placer dans une zone de très faible réception ces personnes totalement focalisées sur les besoins des autres paraît paradoxal. Si d'Ansembourg les confine dans cette zone dite « de méfiance », c'est d'une part parce que la lassitude finit inévitablement par les gagner, et ils n'écoutent alors plus qu'en apparence ; d'autre part parce que la peur de l'autre et de ses attentes les pousse à un repli sur soi qu'ils considèrent comme salutaire.

Un individu n'est nullement enfermé dans l'un ou l'autre de ces espaces ; il peut agir différemment selon les personnes avec qui il se trouve.

La vraie rencontre

Dans le graphique précédent, d'Ansembourg place la vraie rencontre dans la zone de confiance. Pour lui, cette rencontre est nécessaire à notre bien-être, car elle est inhérente à la nature humaine. Le bonheur tient à cette relation qui s'établit dans l'estime et la confiance réciproque ; elle implique au préalable une vraie connaissance et un vrai respect de soi.

D'Ansembourg développe la métaphore du puits pour évoquer notre vie intérieure. Il compare ainsi les hommes à des puits reliés à la même nappe phréatique. Pour aller à la rencontre de l'autre, il nous faut descendre dans notre puits, c'est-à-dire en nous-mêmes, afin d'atteindre la nappe phréatique commune. C'est par leurs puits que les hommes se connectent véritablement, non pas en restant en surface.

La vraie rencontre doit se faire en toute liberté et par la douceur. Pour perdurer, elle doit être entretenue. À cette fin, l'auteur préconise l'instauration de lieux de parole qui seraient des cadres apaisants où l'on pourrait assainir régulièrement nos relations. Ces groupes de paroles seraient à même d'engendrer une sorte de conscience commune propre à discerner les besoins intimes des uns et des autres. D'Ansembourg appelle cela la « conscience conviviale » et la définit comme la combinaison de diverses valeurs telles que la liberté, la responsabilité, l'autonomie, l'appartenance, etc.

L'empathie

Pour l'auteur, face aux personnes qui souffrent, l'empathie est la réponse la plus appropriée. Il la définit comme une présence bienveillante, dénuée de tout jugement et de tout conseil. Il s'agit d'être aux côtés de quelqu'un, de l'écouter, de le comprendre et de chercher avec lui le besoin qui se cache derrière ce mal-être.

D'Ansembourg conclut son livre par ce conseil : « Trois minutes trois fois par jour à l'écoute de soi » (p. 227). Cette introspection doit nous conduire à accepter nos faiblesses et prendre conscience des grâces qui nous sont faites. Fort de cette gratitude, nous sommes à même d'affronter la vie et de nous ouvrir généreusement aux autres.

RÉPERCUSSIONS DE L'OUVRAGE

LIMITES ET CRITIQUES DE SON APPROCHE

Cessez d'être gentil, soyez vrai ! est un best-seller réédité de nombreuses fois ; ce succès tient à la pertinence de l'analyse de l'auteur en ce qui concerne aussi bien nos besoins que le refoulement de nos sentiments. Ses remarques, en particulier sur les liens entre la violence et la pauvreté du vocabulaire, sont dénoncées par nombre d'enseignants depuis plusieurs années (BRIGHELLI (Jean-Paul), *Voltaire ou le jihad. Le suicide de la culture occidentale*).

Toutefois, certaines critiques peuvent être émises à propos d'autres points évoqués dans le livre de Thomas d'Ansembourg. D'abord, sa vision pour le moins idéaliste de la nature humaine, qui nie notamment que l'homme puisse être fondamentalement méchant. Selon lui, la méchanceté ne serait que la manifestation d'une profonde frustration ou le résultat de la peur. En outre, l'auteur laisse de côté le libre arbitre de chacun et semble oublier de considérer le fait qu'au-delà des expériences qui nous ont façonnés, nous restons responsables de nos choix. La nature humaine est complexe et il semble un peu simpliste d'expliquer toute la violence à laquelle nous assistons chaque jour par une frustration originelle due à un mauvais conditionnement et à un manque de vocabulaire.

L'optimisme de l'auteur est même assez paradoxal, car il souligne par ailleurs la faiblesse de l'homme qui trouve une certaine sécurité dans la contrainte, alors que la liberté lui fait peur. La difficulté de la population de l'ex-RDA à s'acclimater à la démocratie libérale au lendemain de la chute du mur de Berlin (novembre 1989) ou le profond désarroi constaté chez des Nord-Coréens passés en Corée du Sud montrent la justesse de son analyse sur ce point. Sa conclusion sur la nécessaire paix intérieure comme préliminaire à la paix dans le monde et sur le rôle de la CNV comme instrument pacificateur tiendrait-elle donc davantage du vœu pieux que d'un espoir sincère ?

De manière plus terre-à-terre, nous pouvons nous interroger sur cette gentillesse de façade que réfute a priori catégoriquement d'Ansembourg. Le titre provocateur de son livre cache en fait le souhait que tous nos actes soient empreints d'une honnêteté absolue et d'une générosité véritablement sincère, quitte à être mesurée. Il ne s'agit donc pas de cesser d'être gentil, mais d'arrêter de nous cacher derrière un personnage et des apparences policées. Se pose par conséquent la question de l'incidence de cette vérité sur nos relations familiales et sociales. Bien sûr, l'hypocrisie est à bannir et refouler nos sentiments nous rend malheureux. Mais la vérité n'est pas toujours bien accueillie. Les gens qui nous entourent n'ont pas tous la même ouverture d'esprit ; nos relations ne nous sont pas toutes suffisamment proches pour accepter cette honnêteté que défend avec détermination d'Ansembourg. Or il n'est pas possible de restreindre son cercle de connaissances aux seuls adeptes de la CNV, ne serait-ce qu'au travail où ne nous choisissons pas nos interlocuteurs. Les vertus de cette méthode sont évidentes et sa popularité grandit, mais tant que son universalité n'est qu'un rêve, ne vaut-il pas mieux dans certains cas se

contenter de relations cordiales et superficielles plutôt que
de tenter de communiquer à tout prix ?

APPROCHES SIMILAIRES

La CNV

Le succès de la Communication NonViolente telle qu'elle
est définie par Marshall Rosenberg ne se dément pas, et
les conférences, ateliers, ouvrages qui s'en réclamant se
multiplient de manière exponentielle.

C'est notamment vers le public des enfants que de nombreux auteurs se tournent, posant comme principe, dans le
même esprit que d'Ansembourg, que c'est l'éducation qui
façonne les individus et détermine au préalable les relations
sociales. Ainsi, Vilma Costelli, docteur en psychologie et
formatrice en CNV, a écrit une collection d'ouvrages pour
les jeunes enfants (*Émile va à l'école*, 2008 ; *Émile et la petite
sœur*, 2010, etc.). Rosenberg lui-même a d'ailleurs laissé une
bibliographie conséquente sur l'éducation (*Élever nos enfants avec bienveillance*, 2007 ; *Enseigner avec bienveillance*,
2006 ; *Vers une éducation au service de la vie*, 2007, etc.).

Parmi les auteurs attachés à la Communication NonViolente,
nous pouvons également citer Anne Van Steppen, médecin
et formatrice en CNV depuis 1995, qui a notamment écrit
le roman à succès *Ne marche pas si tu peux danser* (2016),
ou encore Françoise Keller, ingénieur, qui est devenue
formatrice indépendante et anime désormais des ateliers.
Cette dernière est l'auteur de *Pratiquer la CNV au travail. La
Communication NonViolente, passeport pour réconcilier bien*

être et performance (2013) et *Pratiquer la Communication NonViolente. Passeport pour un monde où l'on ose se parler en sachant comment le dire* (2016).

Des associations se réclament également de la méthode, telle l'association Le Petit Prince qui œuvre à travers des colonies de vacances, des séjours familiaux, des interventions dans les écoles, etc., pour créer les conditions d'une véritable harmonie sociale.

La nécessaire empathie

Thomas d'Ansembourg souligne dans *Cessez d'être gentil, soyez vrai !* la nécessité de l'empathie dans les relations sociales. Plusieurs théoriciens se sont penchés sur ce concept souvent défini comme un des facteurs indispensables à la compréhension réciproque.

Le docteur en neurosciences Jean Decety (né en 1960) définit l'empathie comme le moyen d'établir une réelle communication entre les individus. De son côté, dans *Altruism, Sympathy and Helping* (1979), Lauren Wispé affirme que « l'objet de l'empathie est la compréhension ». Il s'agit donc bien d'établir des conditions propices à l'épanouissement des uns et des autres à travers les relations sociales. Decety et Wispé s'accordent avec d'Ansembourg dans une vision empathique du bien-être individuel et des rapports aux autres.

Des artistes se sont aussi emparés de cette notion, telle la photographe américaine Barbara Kruger (née en 1945) qui a exposé en 1994, dans la galerie de la gare de Strasbourg un large panneau sur lequel on pouvait lire : « L'empathie peut changer le monde. »

La non-violence

La non-violence se conçoit également à une autre échelle que celle du bien-être personnel ; d'Ansembourg y fait d'ailleurs allusion quand il pose la CNV comme point de départ d'une civilisation aussi utopique que pacifique. Des chercheurs se sont penchés sur le rôle politique du concept de non-violence, sur sa pertinence dans le règlement des conflits.

Parmi eux, on trouve notamment le philosophe français Jean-Marie Muller (né en 1939). Ce spécialiste de Gandhi a participé à la fondation du MAN (Mouvement pour une alternative non violente) dont l'objectif est la promotion de la non-violence dans le monde à travers des recherches théoriques, des formations diverses et, bien évidemment, des actions concrètes. La lutte contre le nucléaire, la protection de l'environnement ou encore le respect des droits de l'homme comptent parmi leurs chevaux de bataille. Jean-Marie Muller est l'auteur d'un grand nombre d'ouvrages et d'articles où il défend la non-violence comme alternative à ce qu'il nomme la « contre-violence ». Cette dernière notion est la réponse apportée presque systématiquement aux actes violents, alors qu'elle pérennise cette violence au lieu d'y mettre fin, parce qu'elle lui est inhérente. La non-violence, au contraire, brise ce cercle vicieux.

Les travaux de Muller, à la différence de ceux de Thomas d'Ansembourg et de Rosenberg, qui s'étaient surtout intéressés à l'individu, portent davantage sur les relations interétatiques et les conflits civils. Le philosophe a d'ailleurs été l'un des fondateurs de l'Institut de recherche sur la résolution non violente des conflits (IRNC) en 1984.

EN BREF

- Dans *Cessez d'être gentil, soyez vrai !*, Thomas d'Ansembourg, ancien avocat devenu thérapeute, jette un regard clairvoyant sur les relations sociales dénaturées par les faux-semblants, les dissimulations, les préjugés, et surtout par un déni de soi-même à l'origine de frustrations profondes.
- Partant du constat alarmant de la montée de la violence, il en trouve les causes dans l'insatisfaction permanente dans laquelle nous plongent une éducation et une vie faites de renoncements, le premier et le plus nocif de ces sacrifices étant celui de son individualité. D'où cette incitation à être soi-même vraiment et absolument.
- Pour arriver à assumer ce que l'on est et ce que l'on veut, d'Ansembourg propose un processus en quatre étapes :
  - l'observation d'une situation ou d'un fait ;
  - la déduction du sentiment qui en découle ;
  - la définition du besoin lié à ce sentiment ;
  - la satisfaction, en tout ou partie, de ce besoin par une demande concrète et négociable.
- Ce processus est celui que propose la Communication NonViolente, méthode de communication mise au point par Marshall Rosenberg pour rendre harmonieuses les relations sociales, et dont Thomas d'Ansembourg est l'un des 300 formateurs. La mise en œuvre de cette philosophie suppose un vrai bouleversement dans la façon d'appréhender les relations sociales ; elle implique en effet de se débarrasser d'un certain nombre d'habitudes *a priori* généreuses, mais désespérément frustrantes :

- satisfaire les besoins des autres au détriment des siens ;
  - renoncer à être soi-même pour s'attacher l'affection de son entourage ;
  - s'enfermer dans des préjugés par peur de l'inconnu et des inconnus.
- Aussi inconfortable que puisse être l'introspection, elle est indispensable pour définir ses besoins et, par eux, qui l'on est vraiment. Il s'agit en définitive de trouver ou retrouver l'estime de soi.
- D'Ansembourg ne limite pas ses conseils au seul épanouissement personnel, mais présente ce travail de « recentrage sur soi » comme le préalable nécessaire à la vraie rencontre avec autrui. Si aucun des interlocuteurs ne parvient à être vrai, c'est-à-dire sincère, honnête, entier, la communication est faussée et vaine.
- Cette rencontre ne peut donc se réaliser que par le biais :
  - d'une écoute attentive ;
  - d'une objectivité rigoureuse ;
  - d'une empathie sincère ;
  - d'une réelle bienveillance.
- Alors les interlocuteurs, forts de cette confiance mutuelle et de ce respect réciproque, établissent une vraie relation, la seule à même de satisfaire ce besoin de l'autre inhérent à la nature humaine.
- Pour d'Ansembourg, « trois minutes trois fois par jour à l'écoute de soi » suffisent à avancer vers la paix intérieure et l'harmonie sociale.

Votre avis nous intéresse !
Laissez un commentaire sur le site de votre librairie en ligne
et partagez vos coups de cœur sur les réseaux sociaux !

POUR ALLER PLUS LOIN

SOURCES BIBLIOGRAPHIQUES

- ANSEMBOURG (Thomas d'), *Cessez d'être gentil, soyez vrai ! Être avec les autres en restant soi-même*, Montréal, Les Éditions de l'Homme, 2001.
- ANSEMBOURG (Thomas d'), *Cessez d'être gentil, soyez vrai !*, édition illustrée par Alexis Nouailhat, Montréal, Les Éditions de l'Homme, 2014.
- CAZIVASSILIO (Denise), « Psychasthénie », in *Docteurclic.com*, mars 2015, consulté le 17 mars 2016. http://www.docteurclic.com/maladie/psychasthenie.aspx
- « Définition de la CNV », in *Passeportsante.net*, juin 2011, consulté le 18 mars 2016. http://www.passeportsante.net/fr/Therapies/Guide/Fiche.aspx?doc=communication_non_violente_th
- « Gandhi », in *Herodote.net*, avril 2012, consulté le 19 mars 2016. http://www.herodote.net/Gandhi_1869_1948_-synthese-42.php
- PRAET (Emmanuelle), « L'ami des voyous est parti », in *dhnet.be*, mai 2008, consulté le 13 mars 2016. http://www.dhnet.be/actu/faits/l-ami-des-voyous-est-parti-51b7baaae4b0de6db98a5d3d
- ROSSANT (Lyonel) et ROSSANT-LUMBROSO (Jacqueline), « Jacques Lacan », in *Doctissimo.fr*, consulté le 17 mars 2016. http://www.doctissimo.fr/html/psychologie/grands_auteurs/ps_1337_jacques_lacan.htm
- Site officiel de la CNV. http://www.cnvformations.fr/
- Site officiel de l'association ProductionsCœur.com. http://www.productionscoeur.com/

- Site officiel de Guy Corneau. http://www.slog.fr/guycorneau
- Site officiel de Thomas d'Ansembourg. http://www.thomasdansembourg.com/fr/index.html
- TOURNEBISE (Thierry), « Assertivité », in *Maieusthésie. com*, consulté le 19 mars 2016. http://www.maieusthesie.com/nouveautes/article/assertivite.htm

SOURCES COMPLÉMENTAIRES

- ANSEMBOURG (Thomas d'), *Être heureux ce n'est pas nécessairement confortable*, éditions illustrée par Alexis Nouailhat, Montréal, Les Éditions de l'Homme, 2015.
- ANSEMBOURG (Thomas d'), *Du Je au Nous*, Montréal, Les Éditions de l'Homme, 2014.
- ANSEMBOURG (Thomas d'), *Qui fuis-je ? Où cours-tu ? À quoi servons-nous ? Vers l'intériorité citoyenne*, Montréal, Les Éditions de l'Homme, 2008.
- BRIGHELLI (Jean-Paul), *Voltaire ou le jihad. Le suicide de la culture occidentale*, Paris, l'Archipel, 2015.
- CORNEAU (Guy), *Le meilleur de soi*, Paris, J'ai Lu, 2009.
- CORNEAU (Guy), *Victime des autres, bourreau de soi-même*, Paris, Robert-Laffont, 2003.
- LAURIN (Jacques), *Prenez soin de votre intériorité. La sérénité au cœur du quotidien*, Paris, Mediaspaul, 2016.
- VERNANT (Jean-Pierre), *Mythe et Tragédie en Grèce ancienne*, Paris, Maspero, 1972.

FILMS ET DOCUMENTAIRES

- *Le Cercle des poètes disparus*, de Peter Weir, avec Robin

Williams, Ethan Hawke et Robert Sean Leonard,
États-Unis, 1989.
- *Le Mur ou la Psychanalyse à l'épreuve de l'autisme*, de
Sophie Robert, documentaire, France, 2011.

Éditeur responsable : Lemaitre Publishing
Avenue de la Couronne 382 | BE-1050 Bruxelles
info@lemaitre-editions.com

ISBN ebook : 978-2-8062-8825-7
ISBN papier : 978-2-8062-8826-4
Dépôt légal : D/2016/12603/690
Photo de couverture : © Leo Lintang – Fotolia.com

Conception numérique : Primento,
le partenaire numérique des éditeurs.